LES

DOMMAGES DE GUERRE

à la portée de tous

LE GUIDE DU SINISTRÉ

POUR

1° passer et se défendre devant

LA COMMISSION CANTONALE

2° obtenir et toucher des **AVANCES**

EXPOSÉ PRATIQUE, CLAIR ET CONCIS DE

Ce que tout Sinistré doit connaître :

Ses Droits

Les moyens de les faire valoir

PRIX : 1 FR. 90

Edité par
L'AGENCE GÉNÉRALE DU NORD
50, rue des Fabricants, 50
ROUBAIX

LES
DOMMAGES DE GUERRE

à la portée de tous

LE GUIDE DU SINISTRÉ

POUR

1° passer et se défendre devant

LA COMMISSION CANTONALE

2° obtenir et toucher des AVANCES

EXPOSÉ PRATIQUE, CLAIR ET CONCIS DE

Ce que tout Sinistré doit connaître :
Ses Droits
Les moyens de les faire valoir

AVANT-PROPOS

Le sinistré peut se faire représenter ou assister par un avocat, un officier ministériel et même un technicien ; mais il peut aussi, et dans la plupart des cas il y a le plus grand intérêt, se défendre lui-même et s'occuper personnellement de ses affaires qu'il connaît mieux que personne.

Le but de cet ouvrage est de lui indiquer de la manière la plus claire possible quels sont ses droits et comment il doit s'y prendre pour les faire valoir.

Il existe beaucoup d'ouvrages similaires, malheureusement la plupart sont faits à l'usage, non du sinistré lui-même, mais des hommes de loi ou des spécialistes, et comportent trop de détails techniques qui les obscurcissent, et, sont inutiles dans la majorité des cas.

Il est bien évident que dans un ouvrage de ce format, nous n'avons traité que les questions courantes et les cas normaux.

CLASSIFICATION DES DOMMAGES DE GUERRE

PREMIÈRE CATÉGORIE — (Feuille Rose)

Paragraphe 1. — *a)* Réquisitions opérées *par les Allemands* contre remise de bons de réquisitions.

b) Réquisitions opérées pour le compte des Allemands, *par les municipalités,* contre remise de bons de réquisitions.

Paragraphe 2. — Réquisitions effectuées par les Allemands *sans remise de bons (vins et cuivres).*

Occupation par les troupes ennemies.

Paragraphe 3. — *Sommes versées à l'ennemi (impôts et amendes).*

DEUXIÈME CATÉGORIE. — (Feuille jaune)

Paragraphe 1. — Dommages particuliers

Mobilier de l'habitation. - Objets domestiques. - Linge, vêtements, etc...

a) *détruits, volés, brisés.*

b) *détériorés mais réparables.*

Paragraphe 2. — Marchandises. - **Dommages industriels et commerciaux.**

a) *Matières premières.*

b) *Produits en cours de transformation.*

c) *Produits finis (prêts à être vendus).*

d) *Approvisionnements.*

Paragraphe 3. — **Dommages agricoles.**

a) *Engrais, semences, récoltes.*

b) *Produits nécessaires à la reprise de l'exploitation.*

c) *Arbres et bois coupés.*

Dommages particuliers :

Animaux n'appartenant pas à une exploitation.

Paragraphe 4. — *Objets professionnels (professions libérales).*

Paragraphe 5. — *Dépenses pour éviter les dommages.*

Paragraphe 6. — *Titres et valeurs mobilières.*

TROISIÈME CATÉGORIE. — (Feuille bulle)

Paragraphe 1. — Dommages aux immeubles bâtis.

Paragraphe 2. — Immeubles non bâtis :

Terres labourables, prés, vignes. - Bois, forêts, étangs. - Mines et carrières.

Paragraphe 3. — Immeubles par destination :

Outillage et matériel industriel. - Mobilier commercial. - Outillage agricole. - Animaux appartenant à une exploitation commerciale ou agricole.

Paragraphe 4. — Frais de sauvegarde.

QUATRIÈME CATÉGORIE. — (Feuille verte)

Mêmes dommages que ci-dessus, mais causés dans la zone de défense des frontières ou places fortes.

Frais de constitution de dossier

NOTA. — Les dommages causés aux : *Edifices publics et cultuels, Voies de communication et Batellerie,* font l'objet de dispositions spéciales.

CHAPITRE I.

Le dernier délai [1] pour le dépôt des dossiers de dommages de guerre ayant été fixé au 1er Août 1921, les sinistrés ont presque tous à l'heure actuelle déposé un dossier. [2] Il y en a de bien faits, il y en a de mal faits. Il faut les prendre comme ils sont et tâcher d'en tirer le meilleur parti.

CLASSIFICATION DES DOMMAGES DE GUERRE

L'Article 2 de la loi sur les dommages de guerre a classé ces dommages en un certain nombre de catégories, divisées elles-mêmes en plusieurs paragraphes.

Le sinistré n'est pas obligé pour l'établissement de son dossier de respecter cette classification, mais a le plus grand intérêt à le faire, pour faciliter le travail des commissions cantonales.

Le tableau qui précède a pour but de préciser comment doivent être répartis les différentes dommages sur les imprimés de l'administration.

Nous allons en reprendre un à un chaque paragraphe, en précisant quels sont les droits du sinistré, pour chacun des dommages énumérés.

LES DROITS DU SINISTRÉ

Tous les dommages pour être véritablement "dommages de guerre" doivent avoir été causés en France ou en Algérie et avoir pour cause un fait de guerre ou un fait imputable au troupes belligérantes. Les dommages résultant d'un défaut d'entretien ne sont pas dommages de guerre (toitures non entretenues, façades de maisons, animaux morts de faim, etc...)

Le sinistré a droit au remboursement de tous les objets détruits ou volés **quels que soient les auteurs de leur enlèvement ou de leur destruction,** même si ce sont des civils. [3]

Il lui suffit de prouver que les objets ont bien été volés ou détruits, sans avoir à se préoccuper des auteurs du dommage.

1re CATÉGORIE (Feuille rose)

Dans cette catégorie doivent figurer tous les dommages directement imputables à l'armée allemande et n'étant pas le résultat d'un fait de guerre proprement dit.

§ 1er. — **Réquisitions avec bons** allemands ou Municipaux. — Ceci ne souffre aucune difficulté, on mentionne les objets énumérés sur les bons, leurs valeurs réelles aux cours d'avant guerre sans tenir compte de celles qui ont pû leur être attribuées arbitrairement par les autorités allemandes.

§ 2. — **Réquisitions sans bons. - Occupation.** — Dans ce paragraphe doivent figurer les objets réquisitionnés par les Allemands ou les municipalités sans remise de bons de réquisitions.

On doit y faire figurer également les indemnités réclamées pour occupation par les troupes ennemies, occupation des *maisons, prés, pâturages,, champs,* etc , etc...

Le montant de l'indemnité réclamée pour cette occupation doit être calculé d'après *la valeur locative des lieux occupés,* et seulement pour la période pendant laquelle ils l'ont été.

---

(1) Les commissions cantonales et tribunaux de dommages de guerre peuvent relever de la déchéance les sinistrés qui, pour des motifs légitimes n'auraient pas pu présenter leur dossier dans le délai indiqué (Loi du 7 Mai 1921, article 1er, paragraphe 2).

(2) Nous rappelons que les dossiers doivent être déposés à la commission cantonale du canton où le dommage a été subi.

Dans le cas où le dossier aurait été déposé à la mairie ou à la préfecture, le sinistré a du recevoir postérieurement, du greffe de la commission cantonale, un récépissé *définitif* en échange du récépissé *provisoire* qui lui avait été précédemment remis.

Dans le cas où il ne l'aurait pas reçu, nous lui conseillons de s'en inquiéter et de s'assurer que son dossier a bien été transmis à la commission cantonale compétente.

(3) Ce dernier point est controversé, mais résulte des termes mêmes de la loi.

§ 3. — Dans ce paragraphe doivent figurer toutes les sommes versées à l'ennemi (impôts [1] même sur les chiens, amendes, etc...) soit directement soit par l'intermédiaire de l'autorité municipale.

(Les sujets belges n'ont pas droit au remboursement de ces sommes et doivent faire valoir leurs droits en Belgique).

2e CATÉGORIE (Feuille jaune)

§ 1. — **Mobilier de l'habitation** - (Art. 13 § 4). — Ce paragraphe est réservé au *mobilier de l'habitation*, approvisionnements domestiques (vins, victuailles, etc.) linge, vêtements, etc...

A diviser en deux parties, l'une pour les *objets détruits*, volés ou mis hors d'usage, l'autre pour les *objets détériorés*.

§ 2. — **Commerce et industrie.** - (Art. 13 § 1 et 3). — Ce paragraphe est réservé aux dommages industriels ou commerciaux, il y a lieu de répartir en quatre catégories les dommages devant y figurer.

1o *Matières premières*, (c'est-à-dire matières destinées à être transformées).

2o *Produits en cours de transformation.*

3o *Produits finis*, (c'est-à-dire marchandises prêtes à être vendues ou consommées).

4o *Approvisionnements*, (c'est-à-dire matières nécessaires à l'exploitation (charbon, huile, nourriture des animaux, etc..).

§ 3. — **Agriculture.** - (Art. 13 § 2). — Ce paragraphe est destiné à l'énumération des dommages agricoles qui doivent être répartis selon la classification suivante :

1o *Engrais, semences, récoltes.*

2o *Produits nécessaires à la reprise de l'exploitation.*

3o *Arbres et bois coupés.*

On doit aussi y faire figurer les *animaux n'appartenant pas à une exploitation* industrielle, commerciale ou agricole (chiens, chevaux de particuliers, pigeons voyageurs, etc., etc...)

§ 4. — **Objets professionnels.** — Ce paragraphe est réservé à l'énumération des objets nécessaires à l'exercice d'une profession autre qu'une profession industrielle, commerciale ou agricole.

§ 5. — Dans ce paragraphe doivent figurer les dépenses faites pour éviter des dommages, comme par exemple les frais de cachette, de gardiennage, de déménagement, etc., etc...

Il n'est pas nécessaire que ces dépenses aient été utiles, il suffit qu'elles aient été faites avec l'intention de sauvegarder des objets et d'en éviter la destruction, le vol ou la détérioration.

§ 6. — Dans ce paragraphe doivent figurer les dépenses occasionnées par la perte de titres ou de valeurs mobilières :

En cas d'impossibilité d'en obtenir la restitution ou le remplacement par les moyens légaux, le sinistré a droit à leur remboursement *au cours du jour de l'évaluation* de son dommage.

3e CATÉGORIE (Feuille bulle). — **Immeubles** [2]

§ 1. — **Immeubles bâtis.** Le sinistré a droit à la réparation intégrale.

§ 2. — **Immeubles non bâtis :**

    a) *Terres labourables, prés et vignes,* (le sinistré a droit au déblaiement quand il n'a pas été fait par l'Etat et aux frais de remise du sol en état de culture (voir page 8).

---

(1) A l'exception des impôts dus au Gouvernement Français et payés à l'ennemi, qui ne sont pas pommages de guerre, mais sont considérés par l'Etat Français comme valablement payés, et ne seront pas réclamés une deuxième fois au contribuable.

(2) Les dommages causés dans la zone de défense des frontières et des places fortes, ouvrent au sinistré les mêmes droits que les autres Néanmoins les commissions ont plein pouvoir pour tenir compte dans leurs évaluations du caractère précaire des constructions et travaux détruits ou endommagés.

b) *Bois, forêts, étangs,* (voir page 8).

c) *Mines, minières et carrières.*

§ 3. — Immeubles par destination. — Le sinistré a droit à la réparation intégrale. A répartir en quatre catégories :

a) *Outillage industriel, matériel.*

b) *Mobilier commercial.*

c) *Outillage agricole.*

d) *Animaux appartenant à une exploitation industrielle, commerciale ou agricole.*

§ 4. — Dépenses pour éviter des dommages. — Les dépenses à faire figurer dans ce paragraphe sont les travaux urgents de couverture, de clôture, de soutainement, etc., etc... destinés soit à éviter des dommages soit à empêcher leur aggravation.

Dommages causés par les armées françaises ou alliées

Tous les dommages imputables aux armées françaises ou alliées peuvent également être réclamés comme dommages de guerre. [1]

Nous conseillons en ce cas, de les réclamer séparément en les répartissant néanmoins sur les formules de l'administration (rose, jaune et bulle) et de constituer un dossier spécial les concernant.

Frais de constitution de dossier

Le sinistré a droit a des frais de constitution de dossier pour les dépenses inévitables et pour les travaux qu'il ne pouvait pas faire lui-même. Ce sont :

Les frais des actes demandés par l'administration, (notoriétés, conseil de famille, expédition de titres de propriété, etc..)

Frais d'expertises :

1° Mobilières, (2 % sur la valeur 1914.)

2° Immobilières, (Immeubles bâtis) (3.50 % de la valeur 1914 sur les premiers 10.000 frs) avec ensuite un tarif dégressif.

Demande d'indemnité

Les totaux de chacune de ces trois feuilles, rose, jaune et bulle, se reportent sur une « Demande d'Indemnité » qui est en somme l'élément essentiel du dossier.

Les frais de constitution de dossier peuvent faire l'objet d'une feuille spéciale dont on mentionne le total sur la 3ᵉ page de la demande d'indemnité, après l'indication des totaux des différentes catégories.

Il est utile que la demande d'indemnité soit remplie le plus exactement possible en se conformant aux indications qui y sont données.

CHAPITRE II. — TITRE I.

LA PREUVE

Voici donc comment doivent être répartis les dommages dont le sinistré demande le remboursement ; mais il ne suffit pas de les énumérer, il faut apporter des preuves.

La loi autorise le sinistré à se servir de tous les moyens possibles.

Nous allons énumérer les différents moyens de preuve que nous recommandons.

La plupart des dossiers ne les contiennent pas ou n'en contiennent qu'une partie, il y a lieu de les compléter et de se présenter à la commission canto-

---

[1] Ceci ne s'applique pas aux Belges qui doivent réclamer le remboursement de ces dommages conformément à la loi de 1877 sur les réquisitions.

nale avec un dossier complet, indiscutable, où chaque chiffre pourra être justifié pièces en main.

Il faut établir et prouver :

1° *Le fait matériel du dommage.*

2° *Le prix de 1914:*

3° *Le prix demandé pour le remplacement.*

Le fait matériel se prouve :

1° Par des bons de réquisitions ; 2° Par des constats ; 3° par témoins.

Dans la plupart des cas, c'est ce dernier mode de preuve qui sera seul possible et en tous cas le plus facile à se procurer.

Il pourra être écrit, et alors aussi détaillé que possible. Il est à peine utile de dire que les témoins auxquels on fera signer des attestations devront être choisis parmi des gens compétents, c'est-à-dire connaissant bien la question sur laquelle ils témoignent; dignes de foi, et susceptibles le cas échéant de confirmer leur témoignage sous la foi du serment; soit devant la commission cantonale s'ils y étaient appelés, soit au cours de différentes enquêtes.

Les bons de réquisitions sont souvent imprécis, il y a lieu dans ce cas de les compléter par des attestations. *(Voir modèles ci-dessous.)*

MODÈLES D'ATTESTATIONS

1° A joindre aux bons de réquisitions.

Nous soussignés, certifions que les objets réquisitionnés le . . . . par bon de réquisition n° . . . en date du . . . chez M. . . . . . à . . . rue . . . . n° . . . sont bien ceux dont détail suit, qui avaient bien en 1914 les valeurs portées ci-dessous en regard de chacun d'eux.

Enumération des objets   *Prix de 1914*

2° En cas de réquisition sans remise de bons.

Nous soussignés certifions que les objets dont détail suit, ont été réquisitionnés sans remise de bons de réquisitions chez Monsieur . . . ; rue . . . n° . . . à . . . . et avaient bien en 1914 les valeurs portées ci-dessous en regard de chacun d'eux...

3° Occupation. — Préciser sur l'attestation tous les détails de l'occupation par les armées ennemies ou alliées en indiquant l'importance et la nature des locaux, champs, terrains occupés, le préjudice et la privation de jouissance qui en est résultée pour l'habitant.

4° Destruction totale de mobilier, marchandises, matériel, etc..

Enumérer d'abord le mobilier, pièce par pièce, avec, en regard de chaque objet l'indication de son prix en 1914, et mettre à la fin :

Nous soussignés, certifions que le mobilier énuméré ci-dessus existait bien en 1914 chez M . . . . à . . . . rue . . . n° . . . et qu'à l'heure actuelle il n'en reste plus rien, (à l'exception de . . . . *(s'il y a lieu)* . . . . le dit mobilier ayant été volé ou détruit par suite d'évènements de guerre. *(Il y a intérêt, si la chose est possible, à préciser les circonstances et la date de ces évènements).*

5° Destruction partielle de mobilier, marchandises, matériel, etc..

Nous soussignés, certifions que les objets énumérés ci-dessous ont été volés ou détruits par *(suivant les cas)* les Allemands au cours de l'occupation, les bombardements, l'explosion de . . . . . etc. . . . et avaient bien en 1914 les valeurs portées en regard de chacun d'eux.

6° Détériorations de mobilier, marchandises, matériel, etc..

Si les réparations sont effectuées, mettre en bas de chaque facture :

Nous soussignés, certifions que les réparations énumérées sur la présente facture ont bien été nécessitées par des détériorations résultant de . . . . . *(indiquer la cause).*

Si les réparations ne sont pas effectuées :

Nous soussignés, certifions que les objets énumérés ci-dessous, appartenant à M . . . . rue . . . n° . . . ont été détériorés *(indiquer la cause de la détérioration)* Les valeurs portées en regard de chacun d'eux sont le montant de leur réparation (pour ceux qui sont réparables) ou de leur dépréciation (pour les autres) estimées au cours de Juin 1914.

7° Immeubles réparables.

On a généralement un devis. - Sinon, dans le cas ou les réparations seraient effectuées, en faire une liste et écrire en bas, soit du devis, soit de la liste :

Nous soussignés, certifions que les réparations énumérées sur le présent devis (ou la présente liste) ont bien été nécessitées par . . . *(indiquer l'origine et la cause du dommage avec le plus de détail possible).*

En ce qui concerne les immeubles, les attestations de témoins devront préciser dans la mesure du possible l'état dans lequel se trouvaient les immeubles au moment de l'ouverture des hostilités; de manière à discriminer dans les dégâts, ce qui est, ou ce qui n'est pas dommage de guerre, et permettre au sinistré de ne pas lâcher pied à ce sujet, au moment de la discussion, soit avec l'agent administratif, soit à la commission cantonale.

Justification du Prix — Prix de 1914

Les prix de 1914 pourront être établis de différentes manières, par des factures, des photographies, des expertises, des catalogues d'avant-guerre, prix-courants de fournisseurs, barêmes et même par témoins, ayant connu les objets détruits.

En cas de **destruction totale**

1° **d'Immeubles** : La loi a prévu qu'il y aurait lieu de faire état des actes de ventes compris entre 1904 et 1914. Il ne faut pas manquer d'ajouter aux prix de vente indiqués dans les actes, le montant des droits et honoraires payés, et cela est en effet facile à comprendre :

« Celui qui aura acheté une maison 20.000 francs et aura payé 2.000 francs de droits et honoraires aura subi une perte de 22.000 francs le jour ou sa maison aura été détruite. »

On peut aussi faire état de la valeur locative, évaluée, soit au moyen d'un bail si la maison a été louée, soit dans le cas contraire au moyen de la cote personnelle mobilière.

2° **De mobilier** : Il faut éviter autant que possible que les commissions ne prennent pour base d'évaluation les polices d'assurance, qui, dans la majorité des cas étaient très inférieures à la valeur de ce mobilier.

La meilleure solution à notre avis serait de faire, de mémoire, un inventaire du mobilier existant avant la guerre, avec, bien entendu, estimation de chaque objet, et de faire certifier la sincérité de cet inventaire par des témoins remplissant les conditions indiquées ci-dessus et ayant connu le mobilier détruit.

On aura ainsi un argument indiscutable et sur lequel aucune commission ne pourra refuser de se baser pour son évaluation.

Prix actuels — Somme demandée

Au moment de la constitution du dossier cet élément n'a pas une importance capitale, car il est appelé à changer continuellement et peut subir de grosses différences d'un moment à l'autre. Il y aurait une étude très longue à faire à ce sujet, que nous ne ferons qu'effleurer ici, car en raison de sa complexité et de son étendue elle dépasserait de beaucoup le but que nous nous sommes proposés et les limites de cet ouvrage. (*Voir nota*).

Quel est le droit du sinistré en cette matière ?

L'ÉTENDUE DU DROIT

Le sinistré a droit à la **réparation intégrale**, valeur actuelle **pour** :

1° Tous les **immeubles bâtis** et les **immeubles par destination** énumérés ci-dessus sans exception. (*Voir page 5.*)

2° Tout **le mobilier d'habitation**, linge, effets personnels, etc... exception faite pour les objets d'agrément valant en 1914 plus de 3.000 frs pour lesquels il n'a droit qu'à la valeur de 1914.

3° Pour **les animaux** même quand ils ne sont pas considérés comme immeubles par destination.

LE PARTICULIER a donc droit en principe à la somme qui lui est nécessaire pour reconstituer ses immeubles et son mobilier d'avant-guerre.

NOTA. — Cette question du calcul de la valeur de remplacement ayant dans certains cas un très gros intérêt, et pouvant entraîner pour l'évaluation de l'indemnité allouée au sinistré des différences de coefficient de 1 ou 1 1/2 de nature à faire varier le montant de cette indemnité dans de grosses proportions, a fait de notre part l'objet d'une étude spéciale et très détaillée, publiée sous le titre « Le Calcul des Frais Supplémentaires ».

Les objets servant à l'exercice d'une profession doivent être également remboursés sur la base des prix actuels.

LE COMMERÇANT a droit à **la valeur actuelle** pour son **outillage commercial** et à la valeur actuelle pour une quantité de **marchandises** égale au 1/4 de son chiffre d'affaires annuel d'avant-guerre. Ce qui excède cette quantité est remboursable seulement sur la base des prix de 1914.

L'INDUSTRIEL a droit à la réparation intégrale pour ses immeubles, son matériel, ses produits en cours de transformation, et au remboursement valeur actuelle de :

1° *Matières premières*
2° *Produits finis*
3° *Approvisionnements*

dans la mesure de la **quantité nécessaire à la remise en marche normale et à la fabrication pendant une période de 3 mois,** étant entendu que pour l'excédent il n'a droit au remboursement que sur la base de prix de 1914.

L'AGRICULTEUR a droit à la **réparation intégrale,** valeur actuelle de son **outillage** et de ses **animaux.** Il a droit en outre au remboursement sur la base de prix actuel des *engrais, semences, récoltes,* réquisitionnés ou détruits, *dans la mesure nécessaire à la remise en culture, à l'agencement des terres, à l'entretien de son personnel, à la nourriture de ses animaux, jusqu'à la prochaine récolte.*

Pour ce qui dépasse cette quantité, et ce ne peut être que pour les récoltes réquisitionnées ou détruites au cours de la guerre, il a droit au dédommagement sur la base de prix évalués à la date de la réquisition ou au jour de la maturité des récoltes dans le cas de destruction ou enlèvement de récoltes sur pied.

En ce qui concerne la remise en état des terres, *les terres doivent être déblayées et nivelées aux frais de l'Etat.* Quand la préfecture a refusé on n'a pas pu faire exécuter ces travaux, ils doivent être compris dans le chiffre de l'indemnité réclamée.

Le sinistré a droit en outre à une indemnité s'élevant en moyenne à 400 francs par hectare pour frais de remise du terrain en état de culture.

Dans le cas où les terres seraient restées en friche, il a droit à une indemnité de remise en culture de 550 francs par hectare augmenté d'autant de fois 150 francs par hectare qu'il y aura d'années, moins une, pendant lesquelles sa terre sera restée en friche.

Bois. — L'indemnité accordée se décompose en deux éléments :

1° **Perte subie :** valeur des bois ou valeur d'avenir de ces bois (en cas d'exploitation forestière non arrivée à l'époque normale d'exploitation) évaluée sur la base des prix de 1914.

2° Les **frais supplémentaires** comportant les frais d'enlèvement de souches et la remise de nouveaux plants; évalués sur la base des prix actuels.

Ces quelques notions indiquent l'étendue du droit du sinistré en discriminant ce dont il doit être dédommagé sur la base des prix d'avant-guerre ou des prix d'après-guerre.

MODE DE CALCUL ET JUSTIFICATION DES PRIX ACTUELS

Comment ces prix d'après-guerre doivent-ils être calculés ? C'est ce que nous allons expliquer très sommairement.

1° Immeubles

Aux termes de la loi l'indemnité accordée serait le coût de la reconstruction ou de la réparation évalué d'après les cours du *jour de l'évaluation.*

En raison des grandes variations de prix, l'administration a admis que l'on pourrait prendre comme base la valeur de réparation ou de la reconstruction évaluée à l'*époque où les travaux ont été faits.*

Le sinistré venant se présenter à la commission cantonale, devra donc faire un relevé de toutes ses factures de réparation par ordre chronologique et exiger le coefficient de plus value de l'époque à laquelle il aura fait ses travaux de reconstitution.

Souvent ces travaux ont été faits à des époques où le coefficient de plus value était de 5 1/2 ou 6. Les coefficients ont une tendance à baisser pour, peut-être, arriver à 5 ou 4. Le sinistré a donc le plus grand intérêt à faire prévaloir cette solution et à la soutenir jusqu'au bout.

Vétusté : La vétusté est la différence de prix existant entre la valeur de l'immeuble neuf et sa valeur au moment de la mobilisation.

Elle ne doit pas intervenir dans le calcul du coût actuel de la reconstruction.

L'indemnité accordée se décompose en effet en un certain nombre d'éléments, auxquels la loi a donné des noms spéciaux, que nous allons expliquer ici.

1° **Perte subie :** On entend par là, le coût de la construction ou de la réparation évalué à la veille de la mobilisation dont on déduit la vétusté.

Pour les immeubles agricoles, cette vétusté ne peut en aucun cas être supérieure à 20 °/₀ de la valeur de l'immeuble à l'état de neuf.

Pour tous les immeubles, lorsque cette vétusté ne dépasse pas 10.000 frs elle est allouée en toute propriété au sinistré et doit faire l'objet d'une évaluation spéciale et d'un titre de paiement spécial.

2° **Frais supplémentaires :** D'après les termes mêmes de la loi, les frais supplémentaires sont la différence entre le coût de la construction ou de la réparation à la veille de la mobilisation et celui de la reconstitution d'immeubles identiques au jour de l'évaluation.

La vétusté ne joue donc aucun rôle dans le calcul de ces frais supplémentaires, et il y a lieu d'éviter le mode de calcul adopté par certaines commissions cantonales, qui pour obtenir la somme demandée, multiplient la perte subie par un coefficient, alors que c'est la valeur 1914 du dommage sans déduction de la vétusté, qui doit être multipliée par un coefficient pour donner la somme demandée.

La somme demandée n'est d'ailleurs que le *total* de la *perte subie*, des *frais supplémentaires*, et de la *vétusté* allouée en toute propriété au sinistré.

Pour bien faire comprendre tout l'intérêt de cette question, prenons un exemple numérique.

Une maison dont la construction aurait coûté en 1914, 30.000 francs, est complètement détruite.

Pour obtenir la valeur réelle de cette maison en 1914, il y a lieu de déduire une vétusté (par exemple 20 °/₀) soit 6.000 francs.

La perte subie sera de 30.000 frs — 6.000 frs = 24.000 francs.

Pour reconstruire une maison identique en 1920 il faudrait six fois plus qu'en 1914, soit 180.000 francs. Les frais supplémentaires sont donc de :

180 000 frs — 30.000 frs = 150.000 francs

La somme demandée sera, avec le bon système de calcul :

Perte subie	24.000 frs
Frais supplémentaires .	150.000 frs
Vétusté	6.000 frs
Total :	180.000 frs

alors que si on multipliait simplement la perte subie par le coefficient 6 on obtiendrait : 24.000 × 6 = 144.000 + 6 000 de vétusté = 150.000 francs. Avec ce mode de calcul le sinistré perdrait donc 30.000 francs.

2° Mobilier — Marchandise à tous états, etc...

La loi distingue **deux cas :**

1° **Le remplacement n'est pas effectué ;** l'indemnité est calculée d'après les cours au jour de l'évaluation.

2° Le remplacement est effectué : l'indemnité doit dans cas être calculée d'après les cours de l'époque à laquelle ce remplacement a été effectué.

Le sinistré devra donc en allant à la commission cantonale préparer toutes ses factures de remplacement et en faire un relevé par ordre chronologique.

TITRE II. — **Remploi immobilier**

Sont considérées comme dépenses de remploi immobilier, toutes les dépenses affectées à la *reconstruction d'immeubles par nature ou par destination (matériel, outillage, animaux, mobilier commercial, etc..)*

Elles ne sont pas forcément faites dans l'immeuble détérioré et en immeubles identiques à ceux détériorés, mais doivent simplement être faites dans un rayon de 50 kilomètres du lieu du dommage [1] et avoir la même destination que les immeubles détruits ou une destination immobilière, industrielle, commerciale ou agricole.

Remplacement de mobiliers, marchandises, etc..

Pour le remplacement mobilier le sinistré a toute latitude et tous les achats effectués par lui sont considérés comme dépenses de reconstitution.

Néanmoins, en matière commerciale ou industrielle, pour qu'il y ait vraiment remplacement, il faut qu'il y ait reprise d'une exploitation.

Les indemnités allouées pour dommages mobiliers peuvent être remployés en immeubles, la réciproque n'est pas vraie.

Les factures des travaux immobiliers effectués dans le rayon de 50 kilomètres du lieu du dommage pourront donc être produites comme justifications de remplacement mobilier.

CHAPITRE III. — **LA PROCÉDURE**

Epoque du passage devant la Commission cantonale

Nous supposons donc maintenant que le sinistré a constitué son dossier et a en main toutes les justifications indiquées ci-dessus.

Quand doit-il passer devant la commission cantonale ?

Il lui est possible dès maintenant d'en déterminer approximativement l'époque.

Il est effet en possession d'un récépissé portant un numéro matricule. Il lui suffit d'aller au greffe de la commission cantonale chargée de son dommage et de demander au greffier quel est le numéro matricule de dossier que la commission est en train d'examiner ; en lui demandant également combien la commission examine de dossiers par semaine, il lui sera facile de prévoir approximativement l'époque à laquelle il sera lui-même convoqué.

Discussion avec l'agent administratif

En principe, le sinistré est convoqué d'abord par l'agent administratif, c'est-à-dire le représentant de l'Etat, qui lui demande les justifications nécessaires pour compléter son dossier et cherche à se mettre d'accord avec lui sur le chiffre de son dommage.

Il y a le plus grand avantage à se trouver devant la commission cantonale d'accord avec l'agent administratif, car, en ce cas, la commission a à jouer un simple rôle d'homologation et cela évite une perte de temps et pour le sinistré et pour la commission.

C'est pourquoi :

Lorsque le sinistré est convoqué par l'agent administratif il doit avant d'y aller, revoir un peu son dossier, examiner les points, sujets à discussion et se munir de toutes les justifications que nous lui avons indiquées.

---

[1] Le rayon de 50 km se calcule de la limite de la commune où a eu lieu le dommage à la limite de la commune où on en fait le remploi.

Il doit aussi se munir de différentes **pièces d'état-civil**; ces pièces sont les suivantes :

1º **Particulier ordinaire** : livret de famille, et s'il y a lieu, contrat de de mariage.

2º **Veuf ou veuve avec enfants, enfants dans l'indivision,** etc.,etc., un acte de notoriété établi au décès de la personne ou des personnes dont ils ont pu hériter et une procuration ou un pouvoir sur papier timbré mandatant l'un d'entre eux pour faire le nécessaire. S'il y a des mineurs, extrait de la délibération du conseil de famille (voir à ce sujet le greffier de la justice de paix.)

3º **Pour une société en nom collectif** : les statuts de la société, et s'il y a lieu, un pouvoir par tous les associés à l'un d'entre eux.

4º **Société anonyme ou association** : statuts de la société, délibération de l'assemblée générale ayant nommé le conseil d'administration ou le comité, délibération de ce conseil d'admininistration ou de ce comité donnant pouvoir à l'un de ses membres pour faire le nécessaire.

5º **Pour tous les sinistrés propriétaires d'immeubles endommagés** : les titres de propriété de ces immeubles.

6º **Pour les fermiers** : leur bail.

Le sinistré en discutant avec l'agent administratif doit être de bonne foi et avoir soin d'éliminer de sa réclamation, tous les éléments susceptibles de faire suspecter cette bonne foi, car dans le cas contraire, le représentant de l'Etat ne manquerait pas d'en tirer argument pour conclure à sa mauvaise foi sur tous les articles de sa réclamation et les réduire dans de fortes proportions.

Si donc il a compris dans son dossier des choses qu'il a reconnues par la suite ne pas être du dommage de guerre, il doit commencer par en faire la déclaration et les retirer.

En ce qui concerne les autres dommages, ainsi que nous l'avons expliqué ci-dessus, il doit maintenir sa réclamation [1] et ne pas accepter de réductions non justifiées, réductions que certains agents administratifs et certaines commissions cantonales se croient dans l'obligation d'imposer sans les motiver. Néanmoins pour arriver à un accord et éviter des discussions, il y a souvent intérêt à faire quelques petites concessions raisonnables.

Passage devant la Commission Cantonale

Les points sur lesquels le sinistré est d'accord avec l'agent administratif ne doivent bien entendu souffrir aucunes difficultés ni venir en discussion, la commission ayant pour rôle de concilier les partis (le représentant de l'Etat et le sinistré) et de constater leur accord (article 28 de la loi).

En ce qui concerne les autres questions, le sinistré doit les exposer avec calme en produisant les justifications nécessaires.

S'il produit une attestation, il ne doit pas admettre que l'on mette en doute l'honorabilité des personnes dont il invoque le témoignage.

En raison de la difficulté de trouver des moyens de preuve, la loi autorise tous les moyens et en particulier la preuve par témoins. s'il fournit des témoins honorables, cette preuve doit être suffisante et lui faire donner satisfaction.

Si le sinistré procède ainsi que nous avons expliqué, si avant de passer devant la commission cantonale il réunit les justifications que nous lui avons indiquées, il n'est pas douteux que la décision de la commission lui donne satisfaction.

---

[1] Si le sinistré au moment de la discussion avec l'agent administratif entrevoit une question dont la solution lui paraît douteuse et qu'il ne trouve pas cette solution ici, il ne doit pas hésiter à nous écrire, nous lui indiquerons avec précision les textes qu'il doit invoquer pour obtenir satisfaction.

De même si l'agent administratif lui propose une réduction qui lui paraît injustifiée il doit réserver sa réponse et nous consulter.

Le prix d'une consultation sera largement rattrapé par une différence de 10 ou 20 °/₀ sur l'indemnité pour tel ou tel dommage qui serait écarté de sa réclamation s'il n'était pas exactement renseigné.

Nous attirons l'attention du sinistré sur le fait que la commission ne peut statuer qu'une fois sur les dommages d'une même catégorie. Il est donc indispensable que tous les dommages soient compris dans l'évaluation, faute de quoi, le sinistré serait forclos pour ceux omis.

Les décisions des commissions cantonales statuant sur des dommages supérieurs à 500.000 francs, frais supplémentaires non compris, ne sont définitives que si, dans le délai d'un mois, elles n'ont pas été déférées, soit par le sinistré, soit par le Préfet au tribunal des dommages de guerre.

Nous conseillons vivement au sinistré de demander au greffier des duplicatas des **extraits de décision** de la commission cantonale et de **vérifier soigneusement** :

1º L'orthographe des noms propres, les adresses, les indications relatives à l'Etat-civil.

2º Les chiffres portés

3º L'indication du point de départ des intérêts.

Une erreur du greffe toujours possible, l'exposerait en effet par la suite aux plus graves ennuis et à de longs retards dans l'établissement de ses titres de créance et le paiement de ses indemnités.

Voies de recours

Néanmoins, il se peut que pour une raison ou pour une autre il soit alloué au sinistré une indemnité qui lui paraisse insuffisante, en ce cas il ne doit pas hésiter à faire appel de la décision de la commission, devant le **Tribunal des dommages de guerre.**

Pour celà il doit, bien entendu, *refuser de signer le procès-verbal de conciliation*, et, dans le délai d'un mois, doit se rendre au chef-lieu de l'arrondissement, au tribunal des dommages de guerre faire une déclaration d'appel sur un registre spécial tenu par le greffier de ce tribunal, qui devra lui délivrer un récipissé de sa déclaration.

Procédure devant le Tribunal des Dommages de Guerre

Le tribunal des dommages de guerre peut entendre le sinistré ou son représentant, mais en principe, statue sur mémoire, c'est-à-dire sur un exposé écrit des raisons que le sinistré peut faire valoir pour demander l'annulation de la décision de la commission cantonale.

Le sinistré devra donc s'occuper immédiatement de la rédaction de ce mémoire et exposer par écrit le plus clairement possible et en joignant toutes les justifications nécessaires, les raisons qu'il peut invoquer.

Les pièces produites sont exemptes de droit de timbre et d'enregistrement, à l'exception bien entendu de celles pour lesquelles les lois de droit commun imposent ces formalités.

Le mémoire devra être déposé au greffe du tribunal des dommages de guerre.

Il y a encore au dessus du tribunal des dommages de guerre une juridiction supérieure appelée **commission supérieure des dommages de guerre** mais qui est surtout destinée à trancher les questions de principe et à unifier la jurisprudence des tribunaux de dommages de guerre.

Nous ne conseillons pas aux sinistrés d'y avoir recours avant d'avoir consulté un spécialiste des questions de dommages de guerre.

CHAPITRE IV. — **INTÉRÊTS**

Le sinistré a droit aux intérêts de certains éléments de l'indemnité qui lui est due.

1º **Perte subie.** — D'une manière générale les sommes dues au sinistré pour « Perte subie » à l'exception de celles dues pour dommages aux maisons de plaisance, portent intérêt de 5 % à dater du 11 Novembre 1918.

2º **Amendes - Impôts - Contributions de guerre.** — Les sommes versées à l'ennemi portent intérêt de 5 % du jour où elles ont été versées.

3° Pour les **marchandises, récoltes, objets d'agrément,** etc., ne donnant droit qu'à la valeur 1914, les intérêts à 5 °/₀ commencent à courir 6 mois après le jour où s'est produit le dommage, prélèvement, réquisitions, destructions, etc., ou 6 mois après la date de l'invasion, si les dommages ont été causés pendant l'occupation ennemie.

4° En ce qui concerne les sujets des pays ayant un accord avec la France (Belges) les intérêts courent à 5 °/₀ sur la perte subie à dater du 1ᵉʳ Janvier 1920.

Cette question des intérêts n'entraine d'ailleurs aucune difficulté pour le sinistré et le calcul n'en pourra être fait qu'après l'évaluation définitive du dommage.

TITRE II. — LES AVANCES

Il peut être accordé au sinistré diverses avances que nous allons énumérer.

Les demandes doivent s'établir sur des formules qui se trouvent déposées dans les mairies.

Nous conseillons expressément au sinistré de se servir de ses formules, de s'y conformer et les remplir avec toute l'exactitude et la précision possibles.

Pièces que le sinistré doit joindre à l'appui de toute demande d'avance

1° *Un duplicata de récipissé de dépôt* de son dossier.

2° *Une note* indiquant le *mode de payement* qu'il désire, nous conseillons de choisir le mandat-carte, payable à domicile.

Les pièces énumérées ci-dessous doivent être également jointes par :

1° **Les particuliers ordinaires** : *Une déclaration d'état-civil* (les imprimés se trouvent dans les mairies).

2° **Les indivisions** (veuf ou veuve avec enfants, héritiers, etc.) : *Une déclaration d'état-civil pour chacun des co-propriétaires ; Une déclaration d'origine de co-propriété* (se trouve dans les mairies) *un pouvoir* par les co-propriétaires à l'un d'entre eux, pouvoir revêtu des signatures légalisées de tous les mandants, la signature du maire étant elle-même légalisée par l'autorité préfectorale.

3° **Société en nom collectif** : *Une déclaration d'origine de co-propriété* (se trouve dans les mairies) ; *Un pouvoir* par les associés à l'un d'entre eux, signatures légalisées par le maire, et la signature du maire légalisée par le préfet.

4° **Société anonyme ou association** : *Déclaration d'origine de co-propriété ; Délibération de l'assemblée générale* ayant nommé le conseil d'administration ; *Délibération du conseil d'administration* donnant pouvoir à un de ses membres pour faire le nécessaire et donner quittance.

Ces dernières pièces doivent être établies sur papier timbré et certifiées conformes par le Président. Sa signature sera légalisée par le maire et celle du maire par le préfet.

Les demandes d'avances établies et complétées ainsi qu'il est exposé doivent être adressées au directeur du service des dommages de guerre de la préfecture.

L'observation exacte de nos conseils et l'envoi des pièces indiquées ci-dessus, peut dans certains départements activer de plusieurs mois l'allocation d'une avance.

Différentes sortes d'avances

Nous allons exposer maintenant quelles sont les différentes sortes d'avances et à quel chiffre elles peuvent s'élever.

Dans le cas ou le sinistré n'aurait reçu qu'une partie de son avance ; il peut faire une demande complémentaire, il doit en ce cas l'indiquer et ne pas manquer de mentionner très exactement le détail de ce qu'il a déjà touché.

1° **Particuliers**

Avances pour reconstitution de mobilier familial :

2.000 frs pour le chef de famille et 300 frs par personne à sa charge. (1)

2° Réparations à immeubles réparables :

Se demandent en prenant pour base le dommage valeur 1914 multiplié par le coefficient 3, n'est accordée que pour travaux urgents et extérieurs.

3° Reconstruction d'immeubles détruits :

Peut aller jusqu'à 75 % du dommage valeur actuelle obtenu en multipliant la valeur 1914 par le coefficient 3. Le 4ᵐᵉ quart peut même être alloué en nature (cession de matériaux) s'il est reconnu que 75 % ne sont pas suffisants pour permettre au sinistré de reconstruire, (ne s'applique pas aux châteaux et maisons de plaisance). (2)

Avances pour frais de constitution de dossier :

Objets mobiliers, matières, etc. : 2 % sur la valeur 1919 obtenue en multipliant par 2 la valeur de 1914.

Immeubles bâtis : tarif dégressif qui est à la base de 3.50 % sur la valeur de 1914.

2° **Commerçants**

Avances sur bons de réquisitions :

75 % de la valeur de 1914.

Le sinistré doit envoyer sa demande d'avances à la préfecture par lettre recommandée en y joignant les originaux de ses bons de réquisitions valorisés par un syndicat professionnel.

Avances pour fonds de roulements :

Proportionnelles à l'importance de l'exploitation.

3° **Agriculteurs**

Avances sur bons de réquisitions : (comme pour les commerçants)

Reconstitution du cheptel et fonds de roulement :

3.000 frs par hectare (aux termes des dernières circulaires ministérielles ce chiffre est la seule limite de l'avance et il n'y a pas lieu de tenir compte de l'importance de l'exploitation).

L'état déclaratif sommaire des dommages de guerre doit être joint à la demande d'avances (se trouve dans toutes les mairies : modèle n° 83).

Avances en nature : Ne sont plus en vigueur à l'heure actuelle.

4° **Industriels**

Pour obtenir des avances autres que celles indiquées ci-dessus les industriels doivent être inscrits au secteur de la reconstitution industrielle. Ils ont soumis un dossier sommaire de dommages de guerre, établi valeur 1914, à la suite de quoi un crédit leur a été ouvert.

Actuellement en raison de la suppression des avances accordées, jusqu'ici dans la limite de ce crédit, le sinistré industriel, peut aussitôt que le montant de dommage sera fixé par les organes d'évaluations spéciaux créés dans les secteurs de l'O. R. I. se faire ouvrir un nouveau compte qui lui permettra d'obtenir des bons de cession de matériaux, objets ou marchandises provenant des stocks de l'Etat.

Il a le droit de revendre les matériaux ou objets pour se procurer de *l'argent liquide* (circulaire ministérielle N° 914 du 22/4/1921).

---

(1) Cette avance peut être touchée, soit en espèces, soit en nature, sous forme de bons ou carnets d'achats.

(2) Pièces à joindre à la demande :
    a) Etat descriptif et estimatif (valeur 1914) de l'immeuble détruit.
    b) Devis de l'immeuble à reconstruire (valeur actuelle).
    c) Autorisation de bâtir.
    d) Extrait du plan d'alignement (s'il y a lieu).

5° **Professions diverses**

Avances pour reconstitution de mobilier professionnel :

Toute latitude est laissée à la préfecture pour ces avances qui d'une manière générale sont proportionnelles au mobilier professionnel nécessaire au sinistré pour la reprise de ses affaires.

TITRE III. — IMPUTATION DES CONTRIBUTIONS

Si le sinistré est débiteur de l'Etat à quelque titre que ce soit, même pour le paiement de ses contributions, les sommes dues par lui, seront, *sur sa* demande imputées sur le montant de son indemnité, et aucune ne sera exigible avant que cette indemnité n'ait été déterminée.

Qu'il s'agisse d'impôts, d'amendes, droits de successions, contributions, etc... le sinistré ne doit rien payer pour celà ; toutes les fois qu'il reçoit de l'Etat par l'intermédiaire du percepteur ou de tout autre service un ordre de paiement ou feuille d'impôt, etc., il doit se procurer une « demande d'imputa-tion » (imprimé se trouvant dans toutes les perceptions et bureaux de l'admi-nistration des finances) et la remplir soigneusement en ne manquant pas d'indiquer la date de dépôt de son dossier et le N° de son récépissé de dépôt.

Il doit ensuite remettre à l'agent de finance cette demande d'imputation qui tient lieu de paiement ; et se trouve absolument à couvert jusqu'au jour où son indemnité sera évaluée.

L'administration des finances a la prétention de limiter ces imputations à 75 °/₀ du dommage valeur 1914.

Cette prétention ne paraît pas légitime et il n'y a pas à s'en préoccuper. Jusqu'au jour où le dommage sera évalué par la commission cantonale ou le tribunal des dommages de guerre, le sinistré ne devra rien payer et se conten-tera de faire des demandes d'imputation.

Il y a lieu d'éviter de faire deux demandes d'imputation pour la même dette, car la somme dont l'imputation serait ainsi demandée, serait ensuite déduite 2 fois de l'indemnité versée au sinistré par l'administration.

Ces dispositions ne s'appliquent, bien entendu, qu'aux sommes dues à l'Etat, mais pas à celles dues aux communes et aux départements que le sinistré doit payer, aucune loi ne l'en ayant dispensé.

TABLE DES MATIÈRES

« La détermination de l'époque à laquelle a été effectué par le sinistré le remplacement des matières premières et des marchandises a une très grande importance pour les décisions intervenir en matière industrielle, agricole et commerciale. On sait en effet que la commission cantonale ne fixe la valeur de remplacement au coefficient du jour où la solution intervient que si le remplacement n'a pas encore été fait, dans le cas contraire c'est le prix réel de ce remplacement qui doit servir de base pour l'allocation des frais supplémentaires. Étant donné les variations considérables des prix, soit au cours de la guerre, soit depuis l'armistice, il peut en résulter, et il en résultera bien souvent des variations considérables dans le taux adopté. Tantôt, le sinistré aura intérêt à choisir avec habileté telle date plutôt que telle autre, pour le remplacement, et, en tout cas, à tenir ce remplacement comme réalisé avant la décision ; tantôt il gagnera à retarder l'époque de ce remplacement et à se réclamer des barèmes actuellement en vigueur. »

Ainsi que l'expose magistralement M. DRILLON président de la 3me Commission cantonale de *Quesnoy s/Deule*, il peut résulter pour le sinistré des variations considérables dans la fixation de son indemnité suivant la manière dont sera fait le calcul des frais supplémentaires.

Le but de notre ouvrage est de le mettre à même de faire seul son calcul, de le faire clairement grâce aux tableaux dont nous lui donnons le modèle, et d'une manière indiscutable, conformément à la loi et aux prescriptions de la dernière circulaire du ministère des régions libérées (notice à l'usage des experts chargés de l'examen des demandes d'indemnité).

Nous lui indiquons l'étendue et la limite exacte de son droit en cette matière, la manière dont il doit présenter son compte de remplacement pour obtenir le coefficient maximum auquel il a droit.

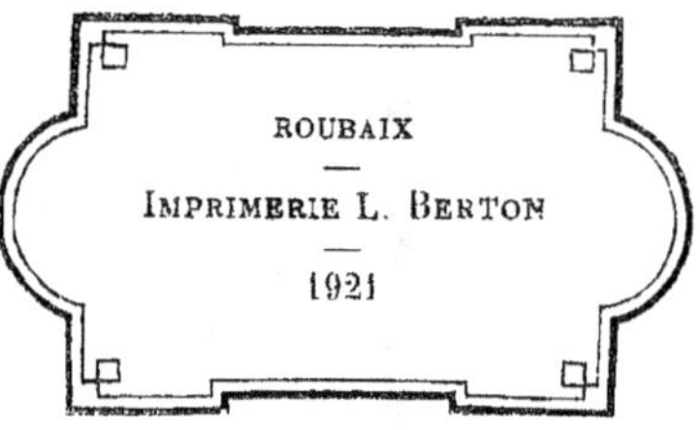
ROUBAIX

—

IMPRIMERIE L. BERTON

—

1921